LA GRAVEDAD

JASON CHIN

Picarona

LA GRAVEDAD

HACE QUE

LAS COSAS

CAIGAN

AL SUELO.

SIN GRAVEDAD, TODAS LAS COSAS

LA LUNA

SE ALEJARÍA

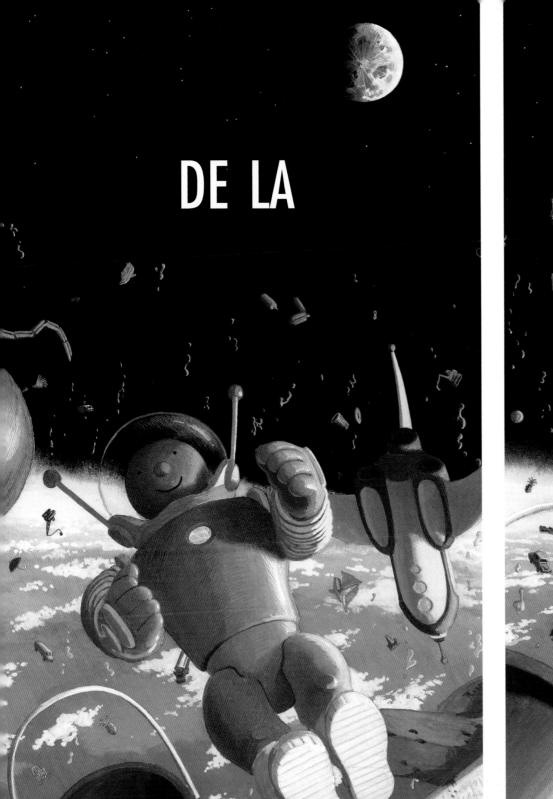

DE LA

TIERRA.

LA TIERRA

SE ALEJARÍA

DEL

SOL.

POR SUERTE, LA GRAVEDAD ESTÁ EN TODAS LAS COSAS.

LAS COSAS ENORMES TIENEN MUCHA GRAVEDAD...

... Y SU GRAVEDAD ATRAE A LAS COSAS MÁS PEQUEÑAS.

LA GRAVEDAD MANTIENE
A LA TIERRA
CERCA DEL SOL,

A LA LUNA
CERCA DE LA TIERRA,

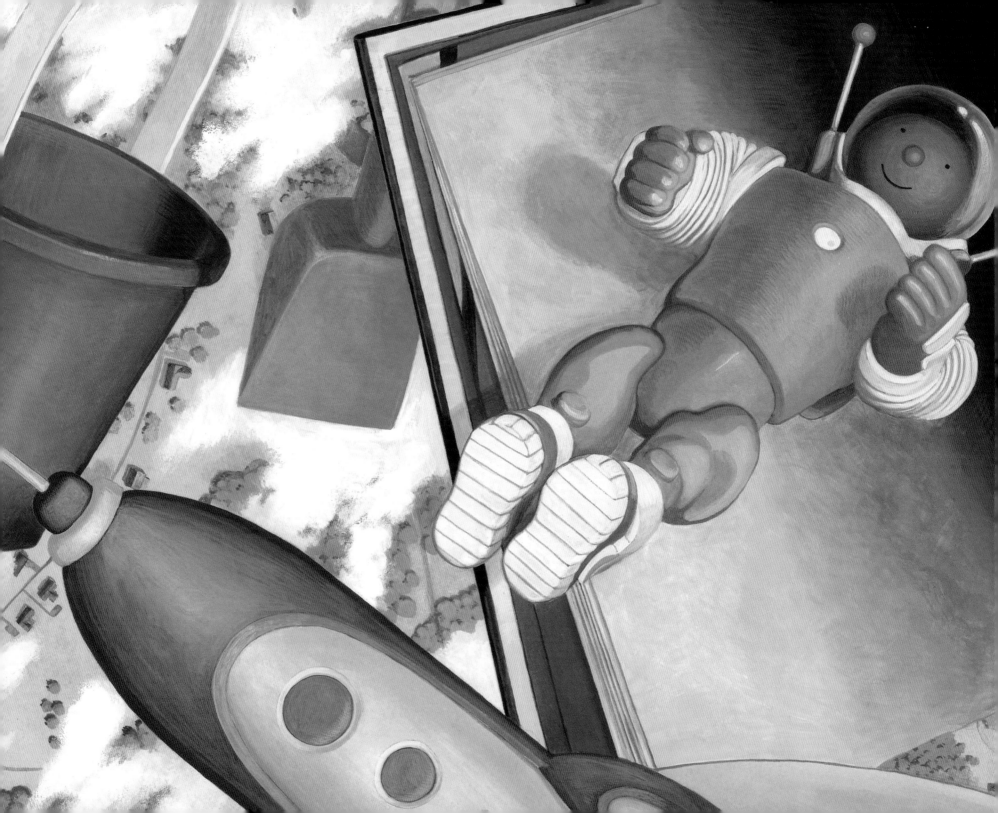

Y HACE QUE

LAS COSAS CAIGAN

AL SUELO.

MÁS DATOS SOBRE LA GRAVEDAD

LA GRAVEDAD ATRAE

La gravedad es una fuerza invisible que hace que los objetos se atraigan. Todas y cada una de las cosas que hay en el universo tienen gravedad, y cada una atrae a las otras cosas que hay en el universo. Cuando saltas a una piscina, la gravedad de la Tierra es la que hace que caigas al agua.

El Sol y la Tierra son enormes, de modo que la fuerza de gravedad que hay entre ellos dos es muy intensa.

La Tierra y la Luna no son tan grandes, así que la fuerza de gravedad que hay entre ellas no es tan potente.

La gravedad es la fuerza que te atrae hacia la Tierra.

A MÁS DISTANCIA, MENOS FUERZA

La gravedad de un objeto se extiende de manera infinita, pero se debilita con la distancia. La gravedad de la Tierra, cerca de su superficie, es suficientemente fuerte para mantenerte de pie en el suelo, pero a millones de kilómetros, su gravedad se debilita tanto que ni siquiera la notarías. Y aunque la gravedad de todas las estrellas del universo también ejerce fuerza sobre ti, está tan lejos que no puedes sentirla.

Lejos de la Tierra, la fuerza de gravedad de la Tierra es más débil.

Cerca de la Tierra, la fuerza de gravedad de la Tierra es más intensa.

A MÁS MASA, MÁS GRAVEDAD

La gravedad que empuja a dos cosas entre sí está determinada por su masa: cuánto más masa tengan, mayor será la gravedad que las atrae. Por esta razón, la fuerza de gravedad entre la Tierra y el Sol es más intensa que la que hay entre la Luna y la Tierra.

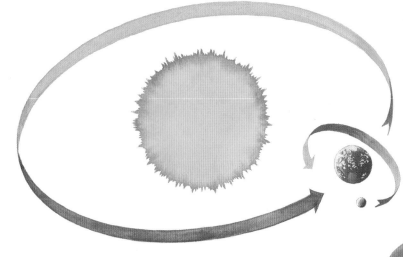

La gravedad mantiene
a la Tierra en órbita
alrededor del Sol,
y la Luna en órbita
alrededor de la Tierra.

LA GRAVEDAD HACE QUE TODO ESTÉ EN SU SITIO

La Tierra da vueltas alrededor del Sol
por un camino que se llama *órbita*, y la
gravedad es la que hace que la Tierra no
se salga de esa ruta. Imagina que tienes
una pelota atada a una cuerda y haces
que dé vueltas en círculo. La cuerda
es la que hace que la pelota no salga
disparada. La gravedad del Sol es como
la cuerda: impide que la Tierra se salga
de su camino. Todos los planetas de
nuestro sistema solar orbitan alrededor
del Sol, la Luna orbita alrededor de la
Tierra, y la gravedad es la que mantiene
todo el sistema en su sitio.

LA MASA IMPORTA

La masa es la cantidad de materia que forma
un objeto, y puede medirse pesándolo:
los objetos más pesados tienen más masa.
Con frecuencia, las cosas más grandes tienen
más masa que las pequeñas, pero masa no es
lo mismo que tamaño. Una caja grande llena
de aire tiene menos masa que una caja
pequeña llena de ladrillos, ya que en esta
última hay más materia.

Los elefantes
pesan más que
los ratones porque
tienen más masa.

MEDIR LA GRAVEDAD

El peso es la fuerza con que la gravedad
de la Tierra atrae a las cosas. Puesto que la
masa determina la fuerza de la gravedad
sobre un objeto, los objetos con más masa
pesan más. Piensa, por ejemplo, en un
elefante y un ratón: el elefante tiene más
masa, así que la fuerza de la gravedad
en él es más fuerte, y como la gravedad
es mayor en él, pesa más que el ratón.

La cuerda hace que la pelota no salga disparada.
De un modo parecido, la gravedad hace que
la Tierra no se aleje de su camino alrededor del Sol.

Dedicado a Allison, Maggie, Natalie y Molly.

Gracias a Ralph Gibson,
Departamento de Física y Astronomía del Dartmouth College

Puede consultar
nuestro catálogo en
www.edicionesobelisco.com / www.picarona.net

LA GRAVEDAD
Texto e ilustraciones: *Jason Chin*

1.ª edición: abril de 2015

Título original: *Gravity*

Traducción: *Joana Delgado*
Maquetación: *Montse Martín*
Corrección: *M.ª Angeles Olivera*

Edita: Picarona, sello infantil de Ediciones Obelisco, S. L.
Pere IV, 78 (Edif. Pedro IV) 3.ª planta, 5.ª puerta
08005 Barcelona - España
Tel. 93 309 85 25 - Fax 93 309 85 23
E-mail: picarona@picarona.net

ISBN: 978-84-16117-20-8
Depósito Legal: B-21.892-2014

Printed in India

BIBLIOGRAFÍA

Branley, Franklyn M. *Gravity is a Mystery*. HarperCollins, 2007.

Breithaupt, Jim. *Teach Yourself Physics*. McGraw-Hill, 2003.

Crowther, J. G. *Six Great Scientists: Copernicus, Galileo, Newton, Darwin, Marie Curie, Einstein*. Barnes & Noble, 1995.

De Pree, Christopher G., Ph.D. *Physics Made Simple*. Broadway Books, 2004.

Gibilisco, Stan. *Advanced Physics Demystified*. McGraw-Hill, 2007.

Gleick, James. *Isaac Newton*. Vintage, 2004.

Krauss, Lawrence M. *Fear of Physics*. Basic Books, 2007.

White, Michael. *Isaac Newton: The Last Sorcerer*. Basic Books, 1999.